AF494299

CAHIER

DE DOLÉANCES,

REMONTRANCES,

ET INSTRUCTIONS

De l'Assemblée de tous les Ordres des Théâtres Royaux de Paris.

CAHIER

DE DOLÉANCES, REMONTRANCES ET INSTRUCTIONS DE L'ASSEMBLÉE DE TOUS LES ORDRES DES THÉATRES ROYAUX DE PARIS.

L'ASSEMBLÉE générale des trois Théatres Royaux, formée pour rédiger les Cahiers de Doléances, Plaintes & Remontrances, qui seront portées à l'Assemblée de la bonne ville de Paris, par les Actrices & Danseuses qui seront élues à cet effet; a arrêté le présent Cahier, contenant les demandes & instructions, ainsi qu'il suit :

L'Assemblée considérant que tous les différens Corps de l'Etat, ayant obtenu de Sa Majesté, le droit de porter leurs réclamations & leurs plaintes aux Etats-Généraux, il étoit impossible qu'un Corps qui réunit tous les Ordres, Grands-Pontifes, Sacrificateurs, Vestales, Empereurs, Rois,

Princes, Marquis, Sénateurs, Financiers, Procureurs, Payſans, n'eût pas auſſi la liberté de dreſſer un Cahier de Doléances & de le préſenter à l'Aſſemblée Nationale.

En conſéquence, il a été arrêté unanimement, qu'il ſeroit repréſenté aux États-Généraux.

ARTICLE PREMIER.

QU'IL eſt abſolument injuſte que, dans un ſiècle auſſi éclairé, il exiſte un décret portant anathême contre une portion de Citoyens, qui ſouvent, par leurs vertus privées, & toujours par leurs aumônes abondantes, ont le plus grand droit à l'indulgence du Saint-Père; & qu'il ſera ſupplié de nous traiter comme les Bouffons, (claſſe d'Acteurs bien inférieure à la nôtre) qui font les plaiſirs de la ville de Rome, & contre leſquels, même dans ſes Domaines, le Saint-Père n'a jamais lancé d'excommunication.

II.

QUE les Pontifes, Empereurs, Rois, Princes, Veſtales, Marquis, Financiers,

Procureurs, Payſans, compoſant tous les Ordres des Spectacles Royaux, ne ſoient plus ſous le ſceptre tyrannique du Miniſtre, du Lieutenant-Général de Police, des Gentils-hommes de la Chambre, & autres petits Deſpotes, qui prétendent leur dicter des Loix, & faire habiller un Roi, lorſqu'il voudroit dépoſer pour un jour le faſte de ſa Grandeur; qui forcent une Veſtale à paroître en Public, lorſqu'elle demanderoit à reſter cachée pendant une ſoirée ſeulement, dans une loge des Boulevards.

Eh! n'eſt-il pas fort naturel, qu'il nous ſoit permis de nous repoſer quand nous le jugeons néceſſaire? Peut-on, raiſonnablement nous empêcher d'oublier, quelquefois, ce qu'on a la dureté d'appeller *nos devoirs*, pour courir après un gain ſûr qui nous attend dans un nombre infini de Sociétés qui nous recherchent?

Pourquoi nous forcer encore, de jouer ſur nos Théâtres les jours qu'on donne des nouveautés ſur quelques autres? Il faut que nous ſoyions là où ſe porte la foule: Nous ſommes les premiers juges des talens & des nouveautés dramatiques. Heureuſement que nous ne faiſons pas grand cas des remontrances dont on nous accable à cette occaſion ; mais il ne faut pas moins détruire l'abus de pareilles repréſentations.

I I I.

Qu'on ne peut tolérer, que cet *Hôtel de la Force*, réſervé à toute autre eſpèce de gens que la nôtre, nous retienne cependant quelquefois ſous ſes verroux ; & cela, lorſqu'un joli ſouper, arrangé depuis huit jours ; lorſqu'un rendez-vous agréable nous attendoit. Qui nous attire une ſi dure & ſi humiliante correction ? les cris tumultueux d'un parterre injuſte, parce que nous nous ſommes diſpenſés de jouer dans un rôle qui nous étoit deſtiné.

Nous voyons avec douleur que ce Public toujours ingrat, ne ſachant jamais apprécier les peines inſéparables de l'état honorable que nous avons embraſſé, ne nous tient jamais compte des ſacrifices que nous faiſons de nos plaiſirs, pour ne nous occuper ſouvent que des ſiens. Pourquoi exigeroit-il que ces ſacrifices fuſſent journaliers ? Il doit reconnoître qu'il eſt d'autant plus juſte qu'il nous ſoit permis de nous repoſer quelquefois, & de nous abſenter du Théâtre quand nous le voulons ; que la première propriété de l'homme eſt la liberté, & qu'on ne peut porter atteinte à la nôtre, ſans faire craindre à chaque Citoyen qu'on peut attenter à la ſienne; ainſi, que l'*Hôtel de la Force* reſte déſormais fermé pour nous, & comme non-exiſtant pour tous les Acteurs des Théâtres Royaux.

I V.

Que la liberté que nous demandons, de nous repoſer quelquefois, ne puiſſe nuire en aucun cas à la plus grande liberté que nous avons, de nous rendre dans les Provinces, & par-tout où nous ſerons appellés, même chez l'Etranger; c'eſt-à-dire, par-tout où il y aura de l'argent à gagner. Si cette permiſſion nous étoit quelquefois refuſée, comme par le paſſé; qu'il ſoit ordonné qu'elle n'eſt pas néceſſaire, & que nous ſommes les maîtres de nous rendre par-tout où nous ſommes appellés; & alors, qu'on s'en remette à notre diſcrétion, pour le tems que doit durer notre abſence. Nous ſaurons bien, lorſqu'il n'y aura plus d'argent à gagner, en abréger la durée & preſſer notre retour, en jouant pluſieurs fois le jour, & pluſieurs jours de ſuite, les pièces que notre ſanté ne nous permet de jouer à Paris qu'une ou deux fois la ſemaine. Si l'on conſidère les avantages que l'Etat & le Public peuvent retirer de nos courſes, quelques multipliées qu'elles ſoient, ils nous les pardonneront. Et d'abord, n'eſt-ce rien pour l'Etat, pour la gloire de nos Théâtres Nationaux, que de mettre à contribution les Théâtres Etrangers? n'eſt-ce rien que l'impôt établi ſur eux, & cet argent que nous faiſons entrer dans le Royaume? Quant au Public, il verra alors nos doubles avec plus d'indulgence, il encouragera leurs talens; & lorſque fatigués de nos courſes, il ne nous ſera pas permis de contribuer à ſes plaiſirs; les doubles auxquels il ſe ſera accoutumé, lui paroîtront plus ſupportables ou moins ennuyeux. Ainſi, tout le monde gagnera à cet arrangement. Quelques amateurs auſtères & difficiles s'en plaindront peut-être; mais à la longue ils ſe feront à nos doubles, ils les ſupporteront, & il ne ſeroit pas même étonnant qu'ils les applaudiſſent.

V.

Qu'il eſt de la ſageſſe du Gouvernement, de défendre à tous Auteurs, quelque preuve qu'ils ayent donnée de la ſupériorité de leurs talens, de ſe préſenter ſans relâche dans nos antichambres, pour nous ſolliciter d'accélérer la repréſentation de leurs Ouvrages, & conſéquemment leur prétendu triomphe, & plus ſouvent leur chûte. Qu'il eſt ſenſible que la plus déſagréable de nos corvées, eſt d'être obligés d'entendre des lectures, que d'autres lectures ſuivent toujours de près; comme s'il étoit toujours juſte d'accorder l'entrée du Temple à tous ceux qui viennent parer les Autels de nos Actrices, de petits vers & de longs rôles.

Qu'il eſt impoſſible que nous puiſſions nous-mêmes étudier tous ceux qui nous ſont préſentés, & qu'enfin, quoique nous prenions ſouvent le parti de refuſer nombre & nombre de pièces que nous condamnons ſans les écouter, ou tout au moins ſans les entendre, il eſt néceſſaire qu'on nous mette à l'abri de l'importunité des enfans d'Apollon. Ces Meſſieurs, nous en convenons, courront alors le riſque de n'être jamais joués de leur vivant; mais quelques-uns gagneront certainement à ce retard.

V I.

Que défenſes expreſſes ſoient faites au Parterre de fatiguer nos oreilles par leurs *à bas*, *paix-là*, lorſque nous voulons bien lui donner une nouveauté qui lui déplaît & qu'il rejette : qu'il faſſe tomber ſa colère ſur l'auteur & non ſur nous ! Eſt-il juſte qu'un Roi, qu'une Reine, qu'un Marquis, qu'un Financier reſte en *panne*, expoſés aux brocards d'un Parterre tumultueux, lorſque l'auteur ſeul excite ſon humeur, & qu'il partage la honte & les huées auxquelles il n'a pas craint de s'expoſer ? D'ailleurs les frais qu'exige la miſe d'une nouvelle piéce, ſans compter les frais de mémoire, ſont ſans doute ruineux, & nous devons en être dédommagés par l'indulgence des Spectateurs : il eſt de leur généroſité de nous prêter leur attention j'uſqu'à la fin d'un ouvrage dramatique. S'il arrivoit cependant qu'ils n'euſſent pas la patience & le courage que nous exigeons d'eux, du moins doit-on leurs ôter le droit de demander une autre piéce à la place de celle qu'ils ont refuſé d'écouter. Qui leur a dit que nous ſommes obligés, en pareille occaſion, de reſter ſur le théâtre, ou dans nos loges, pour être prêt à répondre à leurs intentions ? Un pareil règlement mérite auſſi d'être abrogé. Qu'il ſoit donc ordonné qu'on ſe contentera d'orénavant de la petite pièce annoncée, & qu'il ſera libre à ceux qui ne voudront pas l'entendre de ſe retirer en ſilence. A cet effet, tous valets de pied, heiduques, coureurs, jockeys, &c. ſeront tenus, ſous peine de priſon, de ne pas déſemparer les portes du Spectacle les jours de premiere repréſentation, afin qu'à tout événement, leurs Maîtres & Maîtreſſes puiſſent ſortir à l'heure qu'il leur plaira.

V I I.

Que les Journaliſtes doivent perdre le droit qu'ils ſe ſont arrogés de nous traiter quelquefois comme les Auteurs, & de ſe haſarder à juger notre talent ; que ces folliculaires louent les ouvrages ſortis de leurs porte-feuilles, ou de celui de leurs Amis, à eux permis ; qu'ils ſoient toujours armés d'une ſévérité cruelle envers ceux dont ils connoiſſent, dont ils redoutent les talens, qu'on la leur paſſe encore : mais qu'ils ſe gardent bien de prononcer, ſous peine de punition exemplaire, ſur tout ce qui concerne le jeu théâtral, dont ils ignorent les premiers élémens. Il ſeroit d'autant plus dangereux de leur permettre de s'occuper de nous, qu'après avoir attaqué nos talens, ils pourroient bien auſſi attaquer nos perſonnes & notre conduite, & dénoncer au Public qu'on nous a vu tel jour à tout autre Théâtre que le nôtre, ou en partie de plaiſir, lorſque nous aurions pretexté des migraines, des rhumes, des entorſes, pour nous diſpenſer de jouer ou de danſer ce jour là. Ces renſeignemens ne ſerviroient qu'à augmenter le nombre de nos envieux, de nos ennemis, & accroître la tyrannie des petits deſpotes qui prétendent nous gouverner.

VIII.

QUE nous, Penſionnaires du Roi, Acteurs des Théâtres Royaux de Paris, devant, en vertu de nos Priviléges excluſifs, contribuer ſeuls aux plaiſirs de la Capitale; il ſoit ordonné que tous les petits Théâtres ignobles, auxquels on ſe porte en foule, à cauſe de la modicité de leur prix, ou plutôt de l'indécence des productions qu'ils oſent mettre en ſcène, ſoient entièrement abolis, & leurs Salles raſées & détruites; leurs bateleurs diſperſés & rejettés dans la boue d'où ils ſont ſortis.

Qu'il nous importe, ſur-tout, que ces Bouffons nouvellement établis aux Tuileries, reçoivent ordre de fermer les portes de leur ennuyeux Théâtre; leurs jeux trop long-temps tolérés porteroient aux nôtres, à la longue, le coup le plus funeſte, à cauſe d'une concurrence que le Public, toujours avide de nouveauté, prendroit ſoin d'entretenir, & des comparaiſons affligeantes pour les Théâtres Royaux, qui naîtroient du déſir que ces Bouffons paroiſſent avoir, d'accueillir les productions dramatiques, & de ne pas en retarder la repréſentation. L'Opéra & les Italiens inſiſtent principalement ſur cet article des Doléances, leur infériorité trop marquée ne pourroit réſiſter long-temps à la ſupériorité dans l'art du chant qu'on accorde à leurs rivaux. Nous croyons encore qu'on doit accueillir cette dernière demande avec d'autant plus d'empreſſement, que l'aveu que nous venons de faire eſt un acte de modeſtie qui ne nous eſt point ordinaire, &

qui nous donne le plus grand droit à la protection des Etats-Généraux.

Cependant, comme il eſt juſte que le *Bas-Tiers* ait auſſi ſes plaiſirs, nous croyons qu'on peut permettre les *Danſeurs de corde*, où nos danſeurs peuvent ſe former à ſauter encore plus haut ; ainſi que *les Marionnettes* & la *Lanterne-Magique*. Mais nous nous oppoſons fortement, à ce que les *Ombres Chinoiſes* puiſſent continuer leurs impertinentes repréſentations. Il ſeroit poſſible qu'on ſe permit quelquefois de faire ſur ce Théâtre obſcur, la ſatyre de nos mœurs ou de nos talens.

I X.

Enfin, nous croyons pouvoir exiger auſſi la ſuppreſſion de ces Ecoles connues ſous le titre *d'Ecole dramatique*, de *muſique*, *compoſition*, *danſe*, *chant*, *déclamation*, &c. A quoi bon tant d'Ecoles & tant d'Inſtituteurs ? les Barons, les Dufreſnes, les Lecouvreur, Dangeville, Clairon, Lekain, Chaſſé, Lemaure, Cailleau, Dupré, &c. &c. ont-ils été élevés à l'Ecole ? & nous-mêmes ne ſommes-nous pas les diſciples de la Nature ?

& le Public n'a-t-il pas été notre seul maître? Pourquoi nos successeurs au théâtre recevroient-ils une autre éducation ? est-ce pour nous supplanter, pour faire oublier peut-être un jour nos talens, qu'on veut en former à si grand frais de nouveaux ? C'est une prétention ridicule, que rien ne sauroit excuser. Eh ! qu'importe au Public qu'un Acteur possede l'Histoire, la Mythologie, la Géographie ancienne, leçons préliminaires qu'on donne dans ces Ecoles ? qu'importe au Public qu'on y redresse les uns, qu'on y apprenne à marcher aux autres ? Avons-nous été redressés; avons-nous appris à marcher ! cependant nous n'en levons pas moins la tête, & notre air n'est pas moins fier, ni moins arrogant. Quel peut donc être le but d'une pareille institution ? sinon de nous forcer à être toujours en garde contre des tyrans qui peuvent nous détrôner, de redoubler de zèle, de nous livrer à des études approfondies, afin qu'un jeune écolier ne vienne dans un moment s'emparer de la place que nous occupons, ou du moins ne la partage avec nous ? C'est donc un attentat à notre propriété, à notre tranquillité que l'établissement de pareilles écoles. Certainement *Roscius*, le plus illustre de nos camarades, cet Acteur aussi célèbre par ſes talens, que par ſon extrême indépendance, n'auroit pas ſouffert que *Céſar* même eut élevé un monument ſemblable dans la capitale du monde. Il penſoit comme nous; il ne vouloit point de rivaux; il ne vouloit point de ſucceſſeur. Nous ſommes jaloux comme lui des hommages de la poſtérité; nous voulons qu'on nous regrette, qu'on ne puiſſe nous oublier, comme nous faiſons regretter tous les jours les *Lekain*, les *Cailleau*, les *Chaſſé* & les *Jéliote* Nous inſiſtons encore ſur la réforme de pareilles écoles, parce qu'elles n'ont que trop de reſſemblacce avec les *Conſervatoires* d'Italie, & qu'il ſe pourroit bien, à cauſe du goût général qui ſe manifeſte pour la muſique ultramontaine, qu'on ne cherchât bientôt, après avoir formé des compoſiteurs, de vouloir encore former des Chanteurs ſemblables à ceux de Naples, & qu'on ne mutilât, qu'on ne dégradât l'eſpèce humaine dans un lieu où l'on ne paroît vouloir aujourd'hui que l'inſtruire, & lui donner plus de grace & de dignité.

Ces Doléances dont les Etats-Généraux ne pourront s'occuper trop promptement, nous paroiſſent en ce moment ſuffiſantes pour ne pas diſtraire cette auguſte Aſſemblée des autres

autres objets peut-être auſſi importans qu'elle doit prendre en conſidération. Nous remettons à la ſeconde Aſſemblée deſdits Etats, la ſuite de nos Doléances, & nous eſpérons qu'on nous permettra de rappeller celles-ci, au cas que l'on n'ait point ſtatué ſur tous les objets de plaintes contenues dans le préſent cahier, & ſur leſquelles nous ſommes prêts de donner tous les éclairciſſemens qu'on pourra deſirer. Inſiſtant au ſurplus ſur la ſuppreſſion de tous réglemens, même avec enregiſtrement, qui ne tendent qu'à nous ſoumettre à un pouvoir arbitraire, & à nous empêcher de nous gouverner nous-mêmes ſelon les loix que nous pourrons faire d'un commun accord. Nous avons droit, comme tous les autres citoyens, à la protection publique, & à ce que des loix barbares ne nous régiſſent plus : & d'après la teneur de nos très-modérées remontrances, nous pouvons nous promettre qu'on nous mettra à l'abri de toutes les vexations qui attaquent notre *liberté*, notre *propriété*, & notre *tranquillité*.

Or, 1.° notre *liberté* conſiſte à n'être jamais ſoumis à aucune autorité arbitraire, & à pouvoir prendre le tems qui nous eſt le plus commode pour aller *gagner de l'argent*, tandis que nos camarades sédentaires à Paris, veulent bien travailler de leur côté, & en gagner pour nous.

2.° *Notre propriété* est la jouissance de nos privileges exclusifs; c'est-à-dire de pouvoir, à l'exclusion de tous autres spectacles, amuser le Public, selon que nous en sommes capables, & d'attirer dans nos caisses tout l'argent qu'il destine aux plaisirs de ce genre. Nous pourrions encore demander d'étendre nos privileges sur les spectacles de Province, en les soumettant à une contribution qui nous est dûe; mais cette demande, qui exigeroit des détails trop longs, pour en prouver la nécessité & la justice, sera l'objet d'un mémoire particulier qui va nous occuper.

3.° Enfin, *notre tranquillité* est de pouvoir nous reposer quand nous le jugeons à propos, & sur-tout après les longs & fatigans voyages que nous faisons dans les Provinces, où nous sommes obligés de jouer le matin & le soir, afin de contenter l'avide curiosité des bons provinciaux. Si nos Seigneurs les Etats-Généraux, ne prenoient par ces Doléances en une si grande considération que méritent leur importance, & le corps nombreux qui les leur présente, à quoi serviroit donc cette Assemblée auguste? mais nous attendons avec autant de tranquillité que de confiance qu'elles feront le sujet de leurs premiers travaux, & nous tâcherons de leur en témoigner notre reconnoiſſance en leur envoyant quelquefois à Verſailles, pour les diſtraire & les amuſer, quelques-uns de nos doubles, bien entendu qu'alors nous fermerons notre théâtre à Paris, ſelon l'uſage, ſous prétexte du *ſervice de la Cour.*

Nous nous flatons que l'on ne peut marquer plus de zèle, que l'on ne peut s'exprimer avec plus de modération que nous le faiſons en expoſant nos griefs, en pourſuivant leur redreſſement. Qu'il ſoit permis d'ajouter, avant de clorre ce cahier, que les Danſeurs & Danſeuſes de l'Opéra, plus mobiles, plus volontaires, plus difficiles encore à gouverner que nous, adherent en tous points à ces très-humbles remontrances: tout leur ſavoir, toute leur faculté étant dans leurs jambes & dans leurs pieds, ils ne peuvent point rédiger des inſtructions, encore moins les écrire. Celles-ci ſerviront donc pour eux. Et ils borneront toute leur ambition à s'élever encore plus haut que par le paſſé, & à faire des ſauts périlleux à l'envi les uns des autres. La légèreté qu'ils acquéreront dans cet exercice, fera qu'ils pourront passer d'un *pied plus léger* encore dans les pays étrangers, & que ces Dieux & Déesses de la danse, en reviendront chargés d'un or, qu'ils savent répandre avec profusion à leur retour. Considération qui doit leur permettre qu'on les laisse jouir ensuite du long repos qui leur est nécessaire pour se remettre de leur fatigue.

Arrêté dans notre Assemblée générale du 10 Avril 1789. *Les signatures sont apposées à la minute.*

www.ingramcontent.com/pod-product-compliance
Ingram Content Group UK Ltd.
Pitfield, Milton Keynes, MK11 3LW, UK
UKHW020542180726
13839UKWH00006B/2673